ACADÉMIE DES SCIENCES, LETTRES ET BEAUX-ARTS

DE MARSEILLE

LA FEMME FRANÇAISE

UN IDÉAL MENACÉ

PAR

M. Auguste PROU-GAILLARD

MEMBRE DE LA CLASSE DES LETTRES

Lecture faite en Séance publique de l'Académie

LE DIMANCHE 3 MAI 1903

Dans le grand amphithéâtre de la Faculté des Sciences

MARSEILLE

TYPOGRAPHIE ET LITHOGRAPHIE BARLATIER

19, Rue Venture, 19

1903

LA FEMME FRANÇAISE

UN IDÉAL MENACÉ

PAR

M. Auguste PROU-GAILLARD

MEMBRE DE LA CLASSE DES LETTRES

Lecture faite en Séance publique de l'Académie

LE DIMANCHE 3 MAI 1903

Dans le grand emphithéâtre de la Faculté des Sciences

MARSEILLE

TYPOGRAPHIE ET LITHOGRAPHIE BARLATIER

19, Rue Venture, 19

1903

LA FEMME FRANÇAISE

UN IDÉAL MENACÉ

PAR

M. Auguste PROU-GAILLARD

MEMBRE DE LA CLASSE DES LETTRES

Notre génie national est depuis longtemps en butte à de sérieuses attaques, ouvertes ou sournoises.

Par suite, notre tempérament faiblit et nos qualités d'hérédité s'appauvrissent.

La conscience publique, affectée par ces symptômes de décadence, fait appel aux énergies fécondes, aux remords réparateurs, pour enrayer le mal et jette le cri d'alarme du Sénat romain en ses jours de grand péril « *Caveant consules !* ».

Notre vieux et fier patriotisme, jadis poussé jusqu'à l'ostentation, s'est engourdi comme sous l'influence d'un narcotique ; nous sommes devenus des analyseurs subtils, des critiqueurs effrénés de notre patrimoine national et, par une inconcevable légèreté, nous avons porté nos admirations et nos enthousiasmes vers les œuvres et les mœurs de l'Etranger.

Oublieuse du sang riche et fier qui coule dans ses veines et des épopées qui coûtèrent si cher à ses ancêtres, la France, autrefois appelée l'incorrigible sentimentale, est envahie par un positivisme brutal.

Nous n'avons bientôt plus ni croyances ni idéalisme « et nous nageons dans un océan de négations, suivant l'expression de Sainte-Beuve, d'autant plus redoutable qu'il ne réfléchit plus le ciel. »

La liberté, pour laquelle nous avions un amour si légendaire, est tous les jours menacée et c'est à peine si son soleil couchant excite nos murmures.

La distinction et l'aisance exquise de nos manières, qui faisaient la supériorité de notre race, ont fléchi devant des intrusions de modes exotiques.

Notre langue si précise, si logique, n'est plus comme le disait Montesquieu « l'empreinte de nos usages, de notre caractère et de nos mœurs » ; elle a subi des infiltrations délétères, des « mots aventuriers », suivant l'expression de La Bruyère, et des contorsions navrantes, pour servir de truchement à des théories que le clair génie français eût autrefois répudiées.

Notre idéal littéraire et notre idéal d'art ont perdu leur autonomie par l'invasion de muses grossières et débauchées qui les déshonorent. Notre sentiment du goût et de la mesure est oblitéré.

Notre vieil enthousiasme et notre gaieté française, si prompts aux épanouissements et si contagieux, s'évident.

L'alouette qui surmontait le cimier de nos ancêtres a cessé de lancer vers le ciel bleu sa joie de vivre.

Nous sommes loin de ce temps où Rabelais déclarait « que le rire est le propre de l'homme. »

> Ce rire d'autrefois, ce rire des aïeux,
> Qui jaillissait du cœur comme un flot de vin vieux (1).

Les enthousiastes applaudissements qui ont éclaté devant *Cyrano de Bergerac* et qui ont été un réveil inattendu, s'adressaient autant à la belle œuvre empanachée d'Edmond Rostand qu'au réfléchisse-

____

(1) Barbier.

ment qu'elle nous donnait de notre caractère national d'autrefois.

Cette érosion de nos vieilles mœurs, dont les
nations jalouses de la France se réjouissent, doit
être imputée à l'invasion de l'esprit sceptique et de
l'esprit cosmopolite qui se sont particulièrement
accentués depuis le xviiie siècle.

A cette époque l'esprit de dénigrement contre
nos vieilles croyances et l'exode de notre admiration
pour les œuvres étrangères prirent un grand essor.

Voltaire fut l'un des facteurs de ce mouvement, en
publiant, en 1726, son étude dithyrambique sur
l'œuvre shakspearienne.

J.-J. Rousseau, avec son esprit paradoxal et ses
tendances cosmopolites, aussi bien que Diderot et
Bernardin de Saint-Pierre, concoururent au dépayse-
ment de l'esprit français. Mme de Staël, en 1807, dans
Corinne exaltait le caractère anglais. En 1810, dans
son livre sur *l'Allemagne*, elle affichait sa préférence
pour Gœthe et Schiller sur nos grands classiques et
elle déclarait que la littérature française, frappée de
stérilité, ne pourrait se relever qu'en se retrempant
dans la littérature du Nord, de ce Nord d'où Voltaire
avait vu « venir la lumière. » Les ardents admirateurs des littératures russe et scandinave peuvent
saluer, en cette femme virile et outrée, une devan-
cière illustre.

Châteaubriand lui-même, subissant l'influence
d'une ambiance morbide, ne sut pas absolument
résister à l'impulsion cosmopolite.

C'est du *Werther* de Gœthe qu'il exhuma son
René malatif, désenchanté de la vie : il en fut de
même de Benjamin Constans et de Senancour pour
leur Adolphe et leur Oberman.

Ces héros désabusés, meurtris, « portant leur cœur
en écharpe », suivant une expression pittoresque,
rappelaient ces personnages du chœur d'*Œdipe à
Colonne* dans Sophocle qui déclaraient que « le pre-

mier des biens était de ne pas naître », mais ils n'a-
vaient rien du caractère français.

En philosophie, après les systèmes anglais de
Hobbe et de Locke, qui avaient été accueillis trop
hospitalièrement en France, l'esprit cosmopolite
s'était accusé par les engouements de Jouffroy pour
la philosophie écossaise, de Cousin, Schérer et
Renan pour celle d'Outre-Rhin.

A cette époque, qui n'est pas encore bien lointaine,
ce fut une mode d'intellectuels, une pose, un sno-
bisme de bon ton, que d'admirer cette mentalité
allemande si nuageuse.

Certain hiérophante intellectuel alla même dans
sa fièvre admirative jusqu'à mépriser les cervelles
latines et à déclarer que, comparé à Hégel, « notre
grand Descartes n'était qu'une espèce de drôle ».

Nous lisons dans le *Journal* des Goncourt que chez
Renan la fièvre exotique était telle qu'au moment de
nos désastres de 1871, ce dilettante philosophique
avait eu l'impudeur d'acclamer les sanglants succès
de l'Allemagne qu'il attribuait à une supériorité de
race.

Schopenhauer lui-même, qui plus qu'aucun autre
était aux antipodes de notre vieux tempérament
national, a eu aussi en France des admirateurs et
des adeptes et ce désillusionné factice, véritable
funambule philosophique, fit et continue à faire des
victimes dans notre patrie rieuse qui loin d'expulser
la vie lui donnait jadis une si joyeuse valeur.

Quels ferments de désagrégation pour notre vieille
France ! Quels démentis tous ces entraînements
n'ont-ils pas donnés à notre bel arsenal classique et
moral, à tant de gloires qui, dans toutes les branches
de l'esprit, éclatèrent sur le sol français et obtinrent
un droit indéniable de circulation et d'influence à
travers le monde !

Pourrait-on alléguer que cette expatriation de notre
enthousiasme, cette fièvre cosmopolite furent une

juste réaction contre notre fatuité, contre notre chauvinisme, frappant d'ostracisme les œuvres étrangères ?

Cette affirmation ne serait pas justifiable.

Jamais l'esprit français nativement ouvert et généreux n'aurait visé à une telle dictature, affiché une si arrogante et si exclusive prétention.

Il avait de tout temps impartialement admiré la beauté d'où qu'elle vînt.

Après avoir fait résonner dans leurs œuvres les sons mélodieux de la lyre grecque ou de la flûte latine, nos auteurs avaient également serti les joyaux répandus dans les productions d'un Boccace, d'un Cervantés, d'un Lipse, d'un Milton, d'un Calderon, d'un Byron, d'un Walter-Scott.

Ils avaient accueilli et fondu dans leurs œuvres géniales la délicatesse d'un Addison et la correction d'un Pope.

Mais en pratiquant cet ecclectisme avec une exquise sagacité, nos classiques étaient restés eux-mêmes et la prééminence de notre génie était à tel point universelle et incontestée que les littérateurs, les philosophes et les artistes étrangers étaient obsédés de l'ambition de faire ratifier leurs talents par les applaudissements français.

Après avoir inventorié les pertes subies par notre génie national, il nous reste à énoncer que notre impérieux devoir est de reprendre pied dans tous les champs où avait fleuri notre vieux renom, de raviver nos facultés assoupies, de défendre obstinément ce qu'il nous reste encore d'idéal, de repousser avec une patriotique énergie les deux grands fléaux qui ont si lamentablement sévi contre nous, le scepticisme et le cosmopolitisme ; le scepticisme qui a desséché et vidé notre âme française, le cosmopolitisme qui en a dispersé et expatrié les débris.

Quinet avait été clairvoyant en déclarant, au sujet de l'un de ces grands maux, que « si la France devenaît cosmopolite, elle serait la dupe des autres nations. » Il avait mille fois raison, car l'histoire nous dit que quand Rome fut descendue du faîte de ses croyances et eut douté de sa supériorité sur les autres races, elle entendit sonner l'heure de sa décadence.

*
* *

Un idéal dont la France s'était de tout temps constituée le chevalier, c'est la femme.

La ferveur que nous eûmes toujours pour ce culte répondait à notre vocation idéaliste et civilisatrice ; or, ce culte se trouve aujourd'hui menacé par cette tumultueuse croisade qu'on appelle le Féminisme.

Nous n'avons nullement l'intention de nous jeter dans la lice, de prendre position dans ce bruyant débat. Nous ne visons qu'à nous ranger parmi ceux qui poussent le cri d'alarme et à exposer notre opinion personnelle en face de certaines solutions trop absolues.

Notre nation, toujours généreuse et encline à la galanterie, ne pouvait que s'émouvoir devant les appels de libération en faveur de la femme, mais la prudence s'imposait devant certains adeptes qui puisaient leurs inspirations à l'étranger.

En France, le féminisme n'eut jamais ce caractère frondeur sous lequel il nous apparaît. Si, à certaines époques de notre histoire, on peut constater quelques velléités d'émancipation de la part de la femme, elles furent timides.

Le mouvement saint-simonien ne souleva que de faibles sympathies dans les milieux féminins avant de s'effondrer dans le ridicule. Plus tard, les Icariennes, les Vésuviennes, les Bloomeristes, soutenues par une rhétorique acérée où l'homme était traité de gorille, n'excitèrent que des défiances et des moqueries.

Pourquoi donc ? Ah ! c'est que la France, berceau de la chevalerie et du gai savoir, fut de tout temps regardée comme le paradis des femmes et que c'est là qu'elles trouvaient toujours leurs plus fervents paladins.

A quelle influence la femme française dut-elle le privilège de ce prestige et de cette galante vénération ? C'est sans conteste à l'esprit chrétien dont la France fut imprégnée plus qu'aucune autre nation. Au berceau de l'humanité, la Genèse avait clairement défini le rôle et la mission de la femme, laquelle avait été créée égale à l'homme, pour être sa compagne et son aide. On trouve quelques reflets de ces nobles attributions chez les Hébreux et dans les lois de Menou, mais avec l'affaiblissement des croyances et la corruption des mœurs, la femme devint un instrument de démoralisation, une chose humiliée à la merci de l'homme.

Sans parler de certaines régions où elle était traitée comme de la litière ou comme une bête de somme, voyons sous quel aspect elle nous apparaît chez les peuples les plus réputés pour leur civilisation.

En Orient on la définit un être qui a les cheveux longs et l'esprit court.

Chez les Grecs, Pythagore la tient en profonde mésestime. « Il y a, dit-il, un principe bon qui a créé l'ordre et la lumière, c'est l'homme. Il y a un principe mauvais qui a créé les ténèbres, c'est la femme. »

« Les Dieux, y est-il dit, ont donné au lion la force, à l'oiseau les ailes, à l'homme la pensée ; mais plus rien n'étant à distribuer, la femme n'a eu que la beauté. »

Aristophane la flagelle de son mépris ; la claustration humiliante du Gynécée répond à cette conception de la femme, tout comme les plaintes de

Polyxène dans la tragédie d'Hécube et celle d'An-
dromaque, dans un des plus beaux passages de
l'Enéide.

A Rome, autour du Forum, nous ne la trouvons
pas en plus grande estime.

Un vieux distique latin nous montre ce que l'on
pensait d'elle et de son sérieux :

Quid levius plumâ? Pulvis. — Quid pulvere? Ventus.—
   Quid vento? Mulier. — Quid muliere? Nihil.

Ce qui se traduit par ces mots, Mesdames : « Quoi
de plus léger que la plume? la poussière. Quoi de
plus léger que la poussière? le vent. Quoi de plus
léger que le vent? la femme. Quoi de plus léger que
la femme? Rien.» D'autres diatribes très injurieuses
lui sont décochées : « *Propter imbecillitatem sexûs.* »
Sénèque l'appelle *animal impudens*. Les historiens,
les jurisconsultes et les satiriques révèlent sa dépra-
vation, l'effacement de sa personnalité, elle vit dans
une sorte de domesticité, souvent dans l'abjection.
La loi la subalternise sans ménagement, le divorce
se joue d'elle et la répudiation dont le mari est l'arbi-
tre est son éternelle menace.

La femme vieillie, devenue stérile, nous dit Juvé-
nal, voit venir vers elle un affranchi qui, au nom de
son mari, lui intime l'ordre de quitter son foyer où
elle est désormais inutile.

Et dans les fêtes païennes, dans les amphithéâtres,
quels rôles honteux ne joue-t-elle pas ! Quelles rares
exceptions que ces classiques matrones, tant de fois
invoquées, les Lucrèce, les Véturie, les Cornélie !
Combien ces rares exemples étaient étouffés sous des
mœurs qui encensaient les courtisanes !

Les dithyrambes de certains auteurs à l'encontre
des femmes de l'antique Germanie ont été victorieusement battues en brèche et l'affirmation de Tacite
que la polygamie régnait chez ces Barbares, suffit à

nous donner la mesure de l'honneur dont elles jouissaient auprès de leurs maris et maîtres.

L'avènement seul du christianisme devait réhabiliter la femme, la replacer dans ses droits, lui rendre son auréole en créant autour d'elle une atmosphère de respect public. C'est la reconquête (qu'on nous passe ce néologisme), la survivance de la grandeur et du prestige que lui avait octroyés la Genèse. Avec la nouvelle loi religieuse, la démarcation entre l'homme et la femme s'affaiblit considérablement. Le mari demeure le chef du foyer comme le pilote l'est de son bord, mais, suivant l'expression de saint Ambroise, « il donne une direction à son épouse sans lui inspirer de contrainte. »

La loi nouvelle chante les vertus de la femme ; le culte de la Vierge-Mère qui inspirera tant d'artistes, lui donne un nouvel idéal. La voilà rachetée de ses abaissements par l'avènement de l'Ève nouvelle, mère de l'Homme-Dieu.

Tertullien déclare que les femmes l'emportent sur l'homme par la pureté de leurs mœurs depuis la Rédemption. La littérature française vibre en leur honneur. Jean Chrysostome déclare que, désormais, les femmes pourront se mêler aux études profondes de la philosophie et en même temps saint Ambroise, dans ses écrits sur la virginité, s'écrie : « O femmes, si vous trouvez ici quelques fleurs, ce sont celles de vos vertus et tout ce qu'il y a de parfums dans ce livre vient de vous. »

Le christianisme, avec son *Pauperes evangelizantur,* s'adresse au genre humain tout entier ; ses accents sont entendus par un auditoire neuf, tandis qu'avant lui les philosophes, les poètes ne s'adressaient qu'à une élite de privilégiés, ce qui expliquait les plaintes d'Horace de n'avoir pour lecteurs qu'un cercle de chevaliers.

L'égalité de conscience chez l'homme et chez la femme est proclamée. « Dans notre doctrine, dit le grand traducteur de la Vulgate, les deux sexes sont astreints aux mêmes obligations morales, égaux devant le devoir. »

Comme la femme se trouve grandie par cette loi d'égalité !

Aussi est-ce avec justesse que Buchanan, s'appuyant sur la véridicité historique, déclarait « que partout où règne la loi évangélique, la femme est affranchie de la dégradation. » Auguste Comte, lui-même, le pontife de l'Ecole positiviste, confirmait en ces termes la même attestation historique : « Le christianisme et surtout le catholicisme ont seuls élevé la femme à un rang supérieur, par sa persistance à défendre l'indissolubilité du mariage, opposant ainsi une barrière au divorce », que Tertullien appelait déjà, en le flétrissant, « une polygamie successive. »

C'est en vain qu'en dehors du christianisme l'on chercherait cette royauté sans partage et sans fin de la femme à son foyer. Ce type moral, cet idéal de la mère de famille que mon éminent maître et ami Mgr Dupanloup appelait « l'image la plus pure et le chef-d'œuvre de la tendresse de Dieu. »

La femme eut conscience de l'action chrétienne sur son émancipation et elle s'élança dans le champ social, en portant haut et ferme le drapeau de son relèvement. « C'est aux femmes, a dit Voltaire dans son *Essai sur les mœurs*, que la moitié de l'Europe doit son christianisme. »

Mais après avoir placé la femme dans une atmosphère plus libre et plus pure, après la restitution de son rôle et de sa mission naturelle, il fallait, pour qu'elle ne redevînt pas une Andromède sans appui, pour préserver sa dignité contre un nouveau naufrage, songer à sa culture intellectuelle. D'ardents adeptes de cette culture, enfantés par la nouvelle doctrine, se vouèrent à cette tâche, mais, en accompagnant le développement de l'esprit de sévères règles morales capables de retenir l'essor trop facilement emporté de l'imagination féminine.

La rigoureuse observation de ces règles enfanta des prodiges. Que de femmes, à ces époques des premiers siècles de notre ère, tout en donnant l'exemple des plus intrépides vertus et d'une charité devenue leur magistrature naturelle, se sont élevées aux sommets des hautes études ! Quels noms illustres, entre tous, que ceux des Paula, Lota, Eustachium, Blesilla !

Quel superbe et fier spectacle pour les femmes de ce temps que ce génie qui s'appelle Augustin, philosophant avec sa mère Monique sur une terrasse d'Ostie, cherchant à déchiffrer le divin en suivant les sillons lumineux qui conduisent vers le ciel et ce fils de tant d'amour et de tant de sollicitude déclarant que c'est grâce à ce génie maternel qu'il a goûté les plus grandes joies de la philosophie et du cœur !

Le mouvement ne se ralentira plus. La femme, désormais, ne sera plus une intruse dans les combats de l'esprit et sa valeur intellectuelle et morale inspireront les poètes et fixeront l'attentioa des plus grands esprits.

Ce sera le poète chrétien Prudence et le pape Damase qui feront entendre des accents chauds et pieux en faveur de la femme. Ce sera un des lieutenants de Julien l'apostat qui, émerveillé des nobles et belles énergies féminines dont il était le témoin, s'écriera : « Quelles rudes femmes que ces chrétiennes ! »

Partout dans le monde et dans les cloîtres vont se révéler des femmes auteurs dont le génie est infatigablement aux prises avec l'hébreu, le grec, le latin, les sciences.

Sous Charlemagne, Alcuin compte parmi ses disciples de nombreuses femmes qui le supplient de travailler au défrichement de leur esprit.

Comment ne pas citer parmi les gloires féminines

de ces temps lointains : une Elpidie, femme du philosophe Boèce; Pulchérie, fille d'Arcadius; Radegonde, reine de France, fondatrice d'un monastère célèbre où l'esprit gardait ses droits; Hrosvita qui, dans le xme siècle, laissa des écrits si estimés en vers et en prose; Hildegonde, dans le xie siècle, dont les savants traités eurent un renom? Comment ne pas nous incliner devant la majesté de Blanche de Castille qui donna son fils à notre histoire? et devant sainte Thérèse d'Avila qui, au xvie siècle, tint un si beau rang parmi les classiques par ses écrits de haute pensée et d'élégance si littéraire ?

A cette époque, nous trouvons des châtelaines adonnées à l'exercice de la médecine, précurseurs de nos Croix-Rouge, pansant les plaies des chevaliers et se vouant à la santé des populations rurales.

Il nous faut fermer cet écrin merveilleux et borner là notre énumération.

Mais après ces attestations et ces évidences de l'histoire, qui sont des arguments décisifs et péremptoires contre les accusations d'obscurantisme lancées contre l'action religieuse, ne serait-il pas équitable de mettre finalement au rancart ces allégations?... Nous avons dit que la France, messagère de cet esprit régénérateur, a été le pays où la femme fut le plus prodigalement ornée de poésie, d'esthétique et d'honneur. Nos annales en font foi.

Dans le moyen âge, pendant que le mari s'ébattait dans les luttes féodales, guerroyait en Palestine ou chassait les fauves, la femme se montrait dans son cadre gothique, dans le beau rôle de gardienne du foyer qu'elle embellissait de sa grâce, adoucissait par sa bonté et dont elle faisait une école de vertus.

Sa nature délicate et sentimentale lui rendait la tâche facile et lui ouvrait des secrets pour la formation des cœurs et des volontés.

C'est de cette formation que sont sorties ces pléiades illustres dont la valeur a donné à notre race une resplendissante et universelle maîtrise.

La chevalerie, cette floraison héroïque, prêtait son aide à la civilisation, l'abritait sous ses fanions, enveloppant la femme d'amour et lui donnant un nimbe religieux.

Dans les cours d'amour, pour lui plaire (les fabliaux, les trouvères et les troubadours en font foi), poètes et gentilshommes les plus illustres du pays s'ébattaient pour le savoir, pour l'amour et cultivaient cette fleur de galante courtoisie dont le parfum et l'éclat devaient valoir à la France le renom de nation la plus civilisée du monde.

C'est sous cette auréole que la femme traversa le moyen âge. Durant cette époque de son histoire, on peut dire avec le vieux poète éolien « que l'amour était la première question dont auraient à s'occuper les mortels. »

C'est, en effet, sur les harpes des manoirs aussi bien que sur les pipeaux des chaumières qu'on le chantait.

On trouve dans de vieux hymnes, dans de galantes épîtres de ces temps-là « que la femme est bienfaisante comme un rayon de miel, chaste, charmante, qu'en elle réside toute vertu, que d'elle dépend le salut du monde et l'honneur de l'homme, cet être si inférieur à elle en abnégation et en vertus. »

Il ne découle pas de ce qui précède que dans cette ère chevaleresque aucune ombre n'ait jamais terni le culte de la femme ; le contraire eût été impossible en ces temps de gestation sociale, dans des milieux encore hérissés de tant de restes opiniâtres de mœurs païennes.

Mais ce qui importe à notre thèse, c'est de montrer que le mal, victorieusement combattu, avait été circonscrit et qu'un nouvel esprit défendait énergiquement la femme contre tout ce qui pouvait la remettre en servilité.

*\
* *

Nous abordons un autre âge : la Renaissance arrive et donne une grande excitation à l'esprit, une fleuraison intellectuelle et brillante s'annonce. Le goût du style, de la sociabilité se développe, le langage s'affine, mais le parallélisme de l'instruction et de l'éducation est rompu.

Le côté moral est négligé, souvent ridiculisé, l'esprit chrétien fléchit, la femme s'en ressent et va voir se desserrer les principes protecteurs de sa dignité sociale.

Son intellect prend une orientation nouvelle, ses rêves s'ouvrent du côté d'une liberté plus grande, mais sans contrepoids et dès lors périlleuse. La gloutonnerie des plaisirs et des frivolités, suivant l'expression d'une femme d'esprit, va accroître le danger.

Le savoir est dithyrambiquement vanté ; elle rougit de sa prétendue insignifiance intellectuelle et va courir vers les précipices d'une instruction que ne règle plus la morale. Certaines femmes amoureuses de l'esprit nouveau s'en font les coryphées, ces messagères de l'émancipation sortent de leurs cadres naturels religieux et reprennent des attitudes païennes.

Tout aussitôt leur prestige moral décroît, l'auréole est arrachée de leur front et dès lors l'appréciation des humanistes, des poètes, change à leur endroit et de leurs plumes acérées tombent les mêmes saillies outrageuses que lui prodiguaient les auteurs de l'antiquité.

Un jurisconsulte de la fin du xve siècle écrit : « Les femmes sont crédules, cruelles, vicieuses, avides de crédit, incapables de garder un secret. »

Érasme traitait la femme avec dédain, Rabelais avec cruauté : « La femme, fait-il dire à Panurge par Pantagruel, est gonflée d'orgueil, d'outrecuidance, querelleuse, malsonnante comme une cornemuse. »

Montaigne déclare d'elle « que son honnêteté peut être contenue en une page, ses faiblesses en soixante. »

Le temps marche. Beaumarchais, dans son *Mariage de Figaro*, s'écrie : « O femme, femme, créature faible et décevante ! nul animal créé ne peut manquer à son instinct, le tien est-il donc de tromper ? »

La Fontaine, Saint-Evremond et Boileau n'ont pas plus de galanterie.

Une certaine fièvre érotique pousse bien toujours vers la femme, mais ses thuriféraires, dans ces milieux à esprit nouveau, ne lui prodiguent qu'un encens grossier, frelaté et intéressé.

Que nous voilà loin de l'idéal féminin des périodes chrétiennes ou chevaleresques, et comme la qualité de l'amour a changé !

Molière est arrivé et avec lui le décochement de la verve la plus satirique contre les Célimène de son *Misanthrope* et le grotesque trio de ses Bélise, Armande et Philaminte de ses *Femmes savantes*.

En général, voici l'opinion de notre grand comique sur les femmes :

> Leur esprit est méchant et leur âme fragile ;
> Il n'est rien de plus faible et de plus imbécile.

Il est vrai que les troubles de son intérieur domestique n'étaient pas faits pour rendre sa plume moins acerbe.

Les femmes philosophes vont entrer en scène et leur influence perverse va s'étendre sur la société.

Ces femmes ont un grand bagage littéraire, scientifique même, elles sont encyclopédiquement instruites comme certains les voudraient toutes aujour-

d'hui. Leurs livres de chevet sont les *Contes* de la Fontaine, les *Lettres Persanes*, la *Nouvelle Héloïse*, *Manon Lescaut.*·

Elles sont toutes des transfuges de la vieille morale et mordent à belles dents dans le fruit défendu.

Leurs personnalités sont encombrantes et leur amour d'une liberté sans frein les porte à s'abandonner « à la bonne loi de nature » dont parlait Régnier, aux impulsions sensuelles et impératives dont J.-J. Rousseau préconisait les droits.

Dans leurs cénacles libidineux, ces femmes affranchies se livrent à toutes les licences, leur pédantisme est excessif; elles s'inclinent servilement sous la dictature souveraine de Voltaire qui est leur directeur laïque, elles applaudissent à toutes ses railleries.

C'est Mme du Deffant, amie de Walpole, de Voltaire, de d'Alembert surtout. Son intelligence est vive, tranchante, mais ses mœurs sont d'un décolletage absolu. C'est Mlle de L'Espinasse, amoureuse des mathématiques et plus encore du mathématicien d'Alembert. Chez l'une de ces femmes on discourt à perte de vue sur la psychologie amoureuse et les mauvais bruits qui courent sur le soleil.

Chez Mme du Chatelet, Voltaire est harcelé pour donner des explications sur la nature du feu.

Chez Mme de Tencin, mère illégitime de d'Alembert, on a un culte fanatique pour l'*Esprit des lois*. Cette femme très adulée et d'accès plus que facile renvoyait avec morgue à ses intellectuels adorateurs l'encens qu'ils brûlaient devant elle en les appelant « ses bêtes et sa ménagerie ».

Dans le salon de Mme Geoffrin, véritable bureau d'esprit où se rendaient fidèlement Fontenelle, Marivaux, Marmontel, Montesquieu, on tenait des propos dont la crudité eût scandalisé les halles.

D'Alembert, dans ce même salon, s'avisa un jour de la disparition d'un vieux monsieur à l'allure triste qui se tenait invariablement au coin de la cheminée ;

il le prenait pour un Céladon discret et langou-
reux. « Qu'est donc devenu ce vieux monsieur ? »
demanda-t-il à son amphitrion féminin. « Ah ! ce
vieux monsieur, répartit Mme Geoffrin en souriant,
c'était mon mari, il est mort. » Ce fut là toute son
oraison funèbre. La chronique ne dit pas ce que le
vieux monsieur si discrètement disparu devait
penser de sa savante moitié, mais il est permis de
supposer qu'il appartenait à cette catégorie de maris
dont parle La Bruyère qui, au moins une fois par
jour,« se repentent d'avoir une femme et qui envient
le sort de ceux qui n'en n'ont point. »

Que pouvaient être les intérieurs de ces épicu-
riennes, de ces femmes orageuses et fanfaronnes de
vices avec leurs pudeurs absentes et leur affranchissement si complet des entraves conjugales ? Elles
avaient des clartés sur tout, excepté sur la question
des devoirs. Est-il étonnant qu'après avoir fréquenté
ces idoles, Marivaux ait dit : « J'ai passé ma vie à
faire sortir l'amour de toutes les niches où il se
cachait, sans qu'il en soit sorti le moindre effluve de
dignité. »

*
* *

Nous venons de tracer un lamentable tableau des
conséquences d'un faux féminisme et de la dégéné-
rescence fatale qui frappe la femme riche d'instruction et indigente de morale ; ne demeurons pas sous
ces impressions douloureuses, quittons cette ambiance fétide.

Hâtons-nous de dire que ces désordres sociaux
n'avaient pas en France un caractère général et que
tandis qu'une soi-disant élite intellectuelle portait de
si grands défis à la morale, une multitude d'autres
femmes, dans les paisibles recoins de nos provinces
notamment, gardaient fidèlement des trésors de

probité, d'honneur et vivaient sous la double auréole du respect et de l'amour.

Faisons mieux, et pour nous consoler grandement des défaites morales dont les xvie et xviiie siècles nous ont donné l'humiliant spectacle, voyons ce que fut le xviie siècle qui avait si brillamment repris contact avec l'idéal chrétien.

Pendant ce siècle la femme fut relevée par Corneille et Racine ; Fénelon avait tracé de sa plume de cygne un plan d'éducation capable d'accroître l'influence féminine par une augmentation de vertus, et Mme de Maintenon, qui, malgré tout, eut un grand rôle pédagogique et fut une éminente éducatrice, avait poussé ses pupilles de Saint-Cyr dans des voies de clair bon sens et de sagesse.

A cette époque un grand souffle spiritualiste berça la France et nous pouvons compter dans Paris même, un essaim de jeunes femmes héroïques qui emploient leur vie, leur intelligence, leur ascendant social, à favoriser le bien et à mettre en évidence les vertus auxquelles le christianisme seul donne une valeur d'épopée.

Ces femmes à culture intellectuelle intensive ne sont pas à la merci des gazetiers de leur temps, elles leur échappent, mais c'est le burin de l'histoire qui a livré leurs œuvres et leurs noms à l'admiration universelle.

C'est la duchesse de Liancourt au savoir si vaste, à la piété si fervente ; le grand Arnauld, Pascal et Nicole étaient les ornements de son salon.

C'est Mlle Legros, cette coadjutrice de Vincent de Paul qui jette les trésors de son âme dans la fondation de ces sublimes vestales dont les cornettes allaient abriter tant de misères physiologiques et morales et qui pour l'honneur de la France ayons-en l'espérance tenace, continueront à projeter leur radieuse blancheur sur le monde.

C'est Mme de Miramion, fondatrice d'un refuge

pour les femmes tombées dont les âmes en pleurs
voulurent se racheter par le repentir.

Ce sont Mmes de Lamoignon, Goursault, Pollalion,
de Gondi, la présidente Herse, devant lesquelles il
faut incliner la vénération et la reconnaissance de la
France, pour les œuvres qu'elles ont fondées, soutenues et qui ont jeté leur héroïsme à tous les échos.

Ces femmes comparables à de hautes futaies
morales ou à des constellations radieuses dans un
ciel parfois troublé, qui relevaient si haut l'idéal
féminin, s'inspiraient des directions de Bossuet, Bour-
daloue, Vincent de Paul et Fénelon.

Elles obéissaient à l'impulsion de ce christianisme
dont Renan a précisé par ces mots (dans ses *Origi-
nes*) le caractère social et civilisateur : « Le christianisme a été un vaste ministère de bienfaisance et
de secours réciproques, où les deux sexes appor-
taient leurs qualités diverses et concertaient leurs
efforts en vue des misères humaines » ; ce christianisme que Pasteur, dans son discours de réception
à l'Académie Française, dénommait « un idéal religieux, source vive des grandes pensées et des
sublimes actions. »

C'est donc à garder un tel idéal que doivent travailler les féministes réellement soucieux de la
dignité et de la mission féminine.

On peut et on doit assurément rêver le développement intellectuel et social de la femme, l'élargisse-
ment de son champ d'action et de liberté, une plus
grande extension de sa personnalité, une défense
plus grande contre le despotisme de l'homme, une
protection plus sévère de son honneur, de son bien
et de son salaire, mais ce qui importe par dessus
tout, c'est de la défendre impérativement contre tout
ce qui pourrait altérer sa beauté morale, sa poésie,
sa grâce et sa pudeur, qui sont les plus beaux fleu-
rons de sa couronne.

Une congressiste bien inspirée disait naguère au

congrès féministe de Bruxelles : « De grâce, faisons de la liberté, mais avec prudence, de peur que nous ne nous exposions à faire du libertinage. »

C'est là, en effet, qu'est le suprême danger. Oui, que la femme s'instruise, mais sagement, sans forcer sa mentalité, évitons d'accroître dans notre société française la postérité des Philaminte.

Repoussons avec la plus intense énergie le rêve d'une certaine égalité avec l'homme, ce qui serait un outrageant oubli de sa nature, une méconnaissance de sa sentimentalité, de sa délicatesse, de son intéressante et coquette faiblesse.

Quel serait son sort si un pareil réalisme l'envahissait ? ainsi dénaturée, extériorisée et déclassée, ayant fui son sexe, selon l'expression d'un poète latin, elle perdrait sa séduction, sans acquérir les qualités de l'homme dont elle deviendrait la concurrente farouche.

Une telle femme serait la création d'un être hybride, vêtue d'une masculinité grotesque qui la ferait ressortir du domaine de la tératologie en la rendant encline aux glissades des courtisanes, selon les justes expressions de Proudhon et d'Alexandre Dumas.

Et quand viendrait pour elle l'amère saison de la vie, ces jours tombants et sombres qu'on appelle la vieillesse, la perte de ses charmes, quel serait son sort ?

Rejetons implacablement ce féminisme, cosmopolite, sophistique et outré, chanté chez nous par des célibataires exaspérées ou récalcitrantes, se retirant sur je ne sais quel mont Aventin pour y clamer leur programme de combat.

Regardons comme la plus dangereuse des utopies, cette conception d'affranchissement intégral qui irait jusqu'à vouloir introduire la femme dans nos arènes politiques.

Quelle serait son attitude au milieu de ces houles

humaines où germent tant de bassesses, de cupidités, de marchandages ?

Et dans ces milieux que deviendraient la justice, le droit et la conscience, si de jolies oratrices se mêlaient aux débats fébriles, si elles y jetaient leur coquetterie, « leur pathétique subtil » et leurs charmes fascinateurs qui sembleraient dire : « qui m'aime me suive ! »

Dans de telles mêlées nous verrions journellement aux prises des Ménélas et des Pâris ; les votes risqueraient de dépendre d'une impression de cœur ou d'épiderme. N'est-on pas en droit de penser que bien des volontés et des consciences pourraient faiblir devant l'ascendant de ces adversaires en jupons et de ce flirt parlementaire ? Turenne eût-il gardé l'intégralité de son indépendance devant la sœur du grand Condé ? Tallien devant Mme de Fontenay ? Châteaubriand devant Mme Récamier ? Litz devant la princesse de Wittgenstein ? Nelson devant Lady Hamilton, alors que dans un billet resté célèbre le vainqueur d'Aboukir lui disait « être prêt à tout pour lui plaire même contre ses opinions et sa conscience » : ce billet ne rappelle-t-il pas ces vers enflammés de La Rochefoucault pour la duchesse de Longueville :

> Pour mériter son cœur et plaire à ses beaux yeux,
> J'ai fait la guerre au roi, je l'eusse faite aux dieux ?

Depuis les temps les plus reculés jusqu'aux courtisanes royales, honte de notre histoire, des femmes du Directoire jusqu'à nos jours, n'avons-nous pas vu des hommes, réputés inflexibles comme des chênes, traînés en captifs par un cheveu de femme ? La faiblesse prosternée des Hercule et des Samson aux pieds des Omphale et des Dalila est de tous les temps. Pourrait-on espérer encore que le déclassement de la femme et l'éparpillement de sa vie hors du foyer fortifierait son rôle maternel et multiplierait les berceaux d'enfants dans notre patrie où la population est en train de tarir ? Il serait puéril de l'espérer.

Ramenons donc tous les programmes féministes dans un cénacle bien français, où on élaguera tout esprit de thèse, de cabotinage, en les faisant passer par le crible de la sagesse et du bon sens national. Lançons la femme dans les œuvres sociales où son action peut devenir féconde, faisons un constant appel aux réserves d'héroïsme que son âme recèle : son amour réveillerait les cœurs si souvent étouffés sous l'égoïsme. Son esprit de générosité, d'abnégation adoucirait les angles et rapprocherait les classes.

Sous ces aspects souriants, nous reconnaîtrions les descendantes de ces lointaines aïeules qui avaient une si belle conception de l'amour et de la féminité. Au lieu de rêver à leur masculinisation, elles voulurent rester femmes, se contentèrent, ainsi qu'il a été dit, « d'agrafer l'armure des chevaliers, de broder des écharpes pour récompenser leurs exploits et, agenouillées dans les temples de Dieu, enveloppées dans les spirales de l'encens, priant pour leurs succès. »

Voilà le vrai rôle de la femme : il peut paraître modeste, humble, trop voilé à quelques uns, mais, en réalité,il est grand et répond bien à la conception qu'en avait une femme qui s'y connaissait, Mme Necker de Saussure : « Les femmes, disait-elle,sont faites pour remplir les intervalles de la vie, comme ces duvets qu'on introduit dans les caisses de porcelaines ; à première vue ces duvets ne sont rien et cependant tout se briserait sans eux.

imp. du *Sémaphore*, Barlatier-Marseille